LES DOCS
Ribambelle
Cycle 2

W0198427

Directeur de collection :
Jean-Pierre Demeulemeester

Valérie Videau

Le temps qu'il fait

Hatier

© Hatier, Paris 2013 – ISBN : 978-2-218-95734-5

Lac de Saint-Point (Haut-Doubs)

Été
Automne

Les nuages

Les nuages sont formés de millions de petites gouttes d'eau.

Le soleil réchauffe l'eau.
L'eau s'évapore et forme les nuages.

Il existe plusieurs sortes de nuages, de taille, de forme et de couleur différentes.

cumulo-nimbus

Ce nuage très épais monte haut dans le ciel.

cirrus

Ce nuage est très élevé dans le ciel.

stratus

Quand ce nuage touche la terre, il devient du brouillard.

cumulus

Ce nuage ressemble à un chou-fleur.

Au-dessus des nuages,
il fait toujours beau.

Coucou, la pluie !

Dans un nuage, les millions de petites gouttes d'eau s'agrippent sur de petites poussières.
Elles forment alors des gouttes très lourdes et le nuage ne peut plus les porter…
Le nuage éclate et toutes les gouttes tombent sur la terre… Il pleut !

Sans nuages, il n'y a pas de pluie.

D'où vient l'arc-en-ciel ?

Quand il pleut
et que le soleil brille,
un **arc-en-ciel**
se forme dans le ciel.
L'arc-en-ciel comporte
sept couleurs :
rouge, orangé, jaune, vert,
bleu, indigo (bleu foncé)
et violet.

Jour de pluie : les gouttes dégoulinent sur la vitre.

Attention à l'orage !

S'il fait très chaud et humide près du sol et frais dans le ciel, l'orage arrive !
Dans les gros nuages gris, les gouttes d'eau se frottent si fort les unes aux autres qu'elles créent de l'électricité. BRAOUM ! Un coup de tonnerre éclate et un éclair zèbre le ciel.

Quel coup de foudre !

La foudre est le nom donné à l'éclair quand il touche le sol. L'éclair contient tant d'électricité qu'il pourrait éclairer une ville pendant un an !

Quand il y a de l'orage, **ne t'abrite jamais sous un arbre**, car la foudre frappe toujours les objets les plus élevés.
Mais, tu ne risques rien dans une maison ou dans une voiture fermées.

Comment se forme la neige ?

Quand la température extérieure est proche de zéro degré, les milliers de gouttes d'eau deviennent de jolis cristaux de glace et forment de petits flocons. **Il neige !**

Comme on peut le voir au microscope, il n'y a pas deux cristaux de glace identiques. La plupart ressemblent à des étoiles !

Le vent souffle !

Le vent est un immense courant d'air.
Il se forme quand l'air chaud monte dans le ciel et rencontre de l'air froid.

Le vent a toutes sortes de noms : alizé, sirocco, mistral, tramontane...

Si certains vents sont tout doux comme la brise ou le zéphyr, d'autres sont froids comme la bise ou le blizzard.

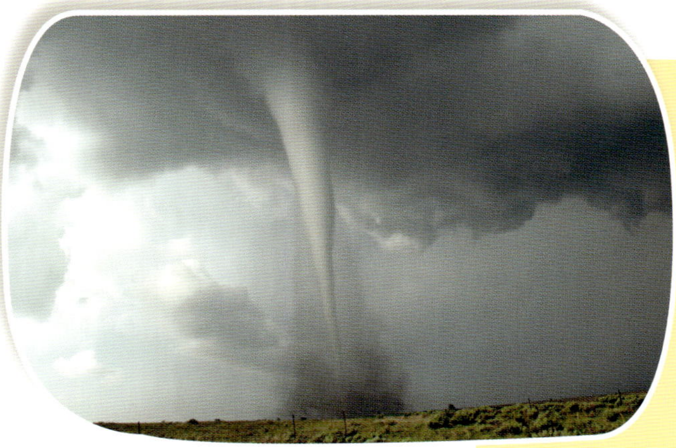

Une tornade dans l'Oklahoma, États-Unis.

Quelle tornade !

Parfois, des vents très violents détruisent tout sur leur passage : les tornades, les cyclones, les ouragans ou les typhons soufflent à plus de 200 km/h.

Le championnat de cerfs-volants à Berck-sur-Mer (Pas-de-Calais).

Trop de soleil !

Dans certains pays, quand il fait très très chaud et qu'il ne pleut presque jamais, c'est **la sécheresse**. Le sol est sec, il se fissure.
Les arbres et les plantes ne poussent plus.
Les hommes ne peuvent pas se nourrir correctement. Il faut parfois aller chercher l'eau très loin.

Sur les berges asséchées du lac Natron, en Tanzanie.

Trop d'eau !

Quand il pleut trop, la terre ne peut plus **absorber l'eau.** Les rivières grossissent, débordent de leur lit : c'est **la crue**.
S'il continue de pleuvoir, l'eau envahit les terrains alentour : c'est **l'inondation**.

La mousson

Quand il fait très chaud en Asie, les vents qui viennent de la mer apportent de très grosses pluies : c'est la **mousson**. Grâce à ces pluies, le riz peut pousser, mais des villages entiers sont inondés…

Le débordement de la rivière la Bourbeuse (Territoire de Belfort).

Comment prévoit-on le temps ?

On peut connaître le temps qu'il fera demain ou dans plusieurs jours grâce à des stations météorologiques installées un peu partout sur notre planète… et même dans l'espace !

Le **satellite** prend des photos de notre planète et surveille l'apparition des nuages et des cyclones. Cette drôle de machine, qui se déplace dans l'espace autour de la Terre, n'a pas de pilote !

Il existe des instruments qui mesurent le temps qu'il fait.

Le thermomètre mesure la température de l'air.

Le pluviomètre mesure
la quantité de pluie
ou de neige tombée.

L'anémomètre mesure la vitesse du vent.

Le bulletin météo

Le bulletin météo annonce les prévisions météorologiques du lendemain ou des jours suivants.

Légende de la carte météo de la France

ensoleillé

nuageux

brouillard

pluie

averses

orage

grêle

neige

verglas

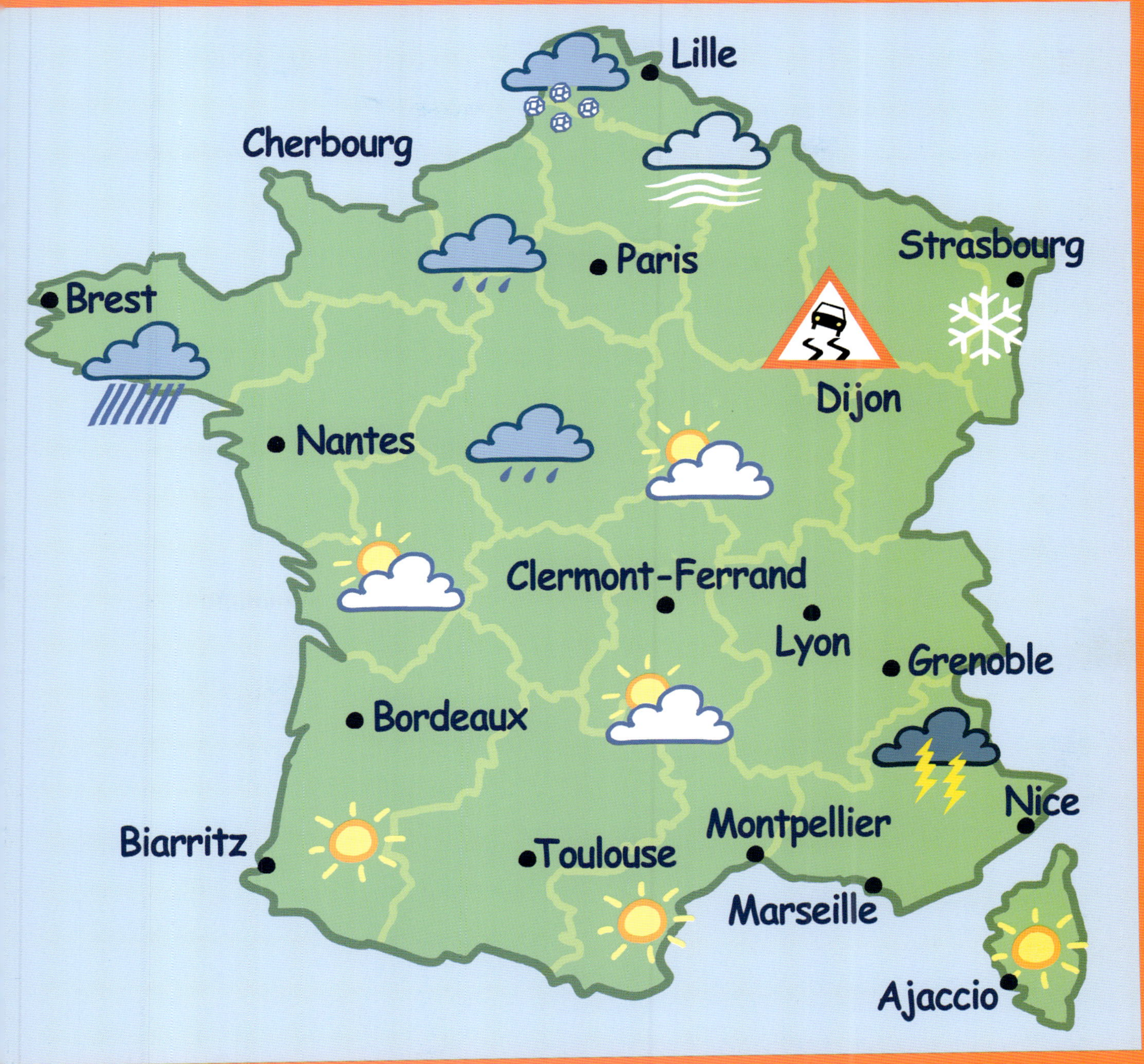
Lille
Cherbourg
Paris
Strasbourg
Brest
Dijon
Nantes
Clermont-Ferrand
Lyon
Grenoble
Bordeaux
Nice
Biarritz
Toulouse
Montpellier
Marseille
Ajaccio

Lexique

Alizé : vent chaud qui souffle dans les basses altitudes.

Blizzard : vent soufflant parfois à plus de 300 km/h. Il est toujours accompagné d'une tempête de neige.

Crue : montée des eaux d'un cours d'eau.

Éolienne : machine à hélices qui tournent grâce à la force du vent. À l'intérieur de l'éolienne, le mouvement des hélices est transformé en électricité.

Évaporer (s') : se transformer en vapeur.

Girouette : objet fin et en métal, placé en haut d'une tour ou d'un clocher, qui indique la direction du vent.

Mistral : vent violent et sec qui souffle dans le sud de la France, près de la Méditerranée.

Sirocco : vent très chaud et très sec qui souffle depuis le désert du Sahara.

Tornade : tourbillon de vents extrêmement violents qui détruit tout sur son passage.

Tramontane : vent froid qui souffle dans le sud de la France.

Achevé d'imprimer par Clerc à Saint-Amand-Montrond - France
Dépôt légal : 95734-5/04 - avril 2019